Ven a vivir la Naturaleza como nunca

La naturaleza en Tenerife
se puede simplemente contemplar…
o se puede vivir. Todas las opciones están aquí,
no dejes de disfrutarlas.

Por tierra: recorre los senderos y barrancos de Tenerife, unas veces entre bosques encantados y otras entre paisajes volcánicos de aspecto lunar, como el Parque Nacional del Teide; **alcanza** tus mejores cotas escalando en paredes singulares, más de un millar de rutas sorprendentes de todos los niveles; **contempla** los cielos nítidos de la Isla y disfruta, en la noche, de la belleza que esconde el firmamento en Tenerife, y durante el día, de las especies de aves que recorren durante todo el año el cielo tinerfeño; **sumérgete** en el corazón de la Isla, en los tubos o cavidades volcánicas. Uno de los más sorprendentes, la Cueva del Viento; **súbete** a la bici y siente la sensación de libertad por las numerosas rutas bike que encontrarás. **Por mar: percibe** otro de los placeres que te permite Tenerife: el avistamiento de cetáceos. En pocos lugares del mundo puedes ver tan cerca delfines y ballenas piloto, los 365 días del año; **diviértete** en el mar: aguas cristalinas para que experimentes con los deportes náuticos: buceo, cursos de vela, piragüismo, kite surf… **Por aire: relájate** y disfruta de placenteros vuelos en parapente, sobrevolando paisajes de medianías o panorámicas de la costa.

Infoturismo Tenerife
00 800 100 101 00
gratuito

Edita: Publicaciones Turquesa S.L.
C/ Villalba Hervás, nº 5 - 5º piso. 38002 S/C de Tenerife.
pturquesa@telefonica.net - www.publicacionesturquesa.com

© Textos y gráficos: Javier Martín-Carbajal - Juan Carlos Zamora.

© Fotografías: Javier Martín-Carbajal (excepto las que se indica autor).

Traducción: Sean Coffey.

Diseño y maquetación:
Crayon Estudio de Diseño - estudio@crayonestudio.com

Impreso en España / Printed in Spain.

Impreso con tintas ecológicas, en papel blanqueado sin cloro y no procedentes de la destrucción de bosques primarios (según certificación FSC).

ISBN: 978-84-92648-74-0

Depósito Legal: B-27224-2010

Foto portada: Santi en Chain bicicleta 7b+. Cañada del Capricho.

Reservados todos los derechos. Ninguna parte de esta publicación puede ser reproducida sin previo consentimiento de autores y editor.

La escalada, en cualquiera de sus modalidades, es un deporte con riesgo. Esta publicación no capacita de ninguna manera para aventurarse en los itinerarios que se describen. Será tarea de cada escalador formarse adecuadamente en todas las cuestiones sobre técnica y seguridad, así como en el respeto y cuidado del medioambiente.

Climbing in any form is a dangerous sport. This publication does not prepare you in any way to attempt the routes described. It is each climber's responsibility to be competent with technical and security issues as well as to ensure respect and care for the environment.

Ilustraciones: José Manuel Moreno. Pag. 36, 52, 100, 111, 119, 144.
Francisco Torrents, LIMICO Divulgación Pag. 2, 5, 14, 29, 85, 114, 130, 138.

Gracias a todos los que nos han ayudado y apoyado de una u otra manera en la elaboración de esta guía. Especialmente a los equipadores que, con su trabajo, son los verdaderos artífices de las zonas de escalada.

Thanks to everybody who has helped and supported us during the writing of this guidebook. The climbers who have bolted and opened up new routes deserve a special mention as their work has led to the development of these climbing areas.

Mayo/May 2010

Tenerife
Escalada deportiva

Tenerife
Escalada deportiva

ÍNDICE

- Introducción 6
- Un poco de Historia 9
- Zonas:
  1. Cañada del Capricho 14
  2. Guaria 36
  3. Arico 52
     - Arriba 55
     - Abajo 68
     - Los Naranjos 82
  4. El Río 84
     - Zona Zero 97
  5. Las Vegas 100
  6. La Galería 110
  7. Tabares 116
  8. Vistamar 130
  9. Martiánez 138
  10. San Marcos 144
- Cuida tus zonas de escalada 152

Lagarto Tizón

Tenerife
Escalada deportiva

INTRODUCCIÓN

La isla de Tenerife reúne un buen número de vías y zonas de escalada deportiva, aquí presentamos 940 vías en 12 zonas que, a nuestro juicio, son las mejores y más representativas de la isla.

Sin duda, la referencia es la comarca sureña de Abona y, es en el municipio de Arico donde se concentran la mayoría de los sectores. De la edición de la guía de Escaladas en Arico (2007) hemos seleccionado y actualizado las zonas de Arico, Los Naranjos, El Río, La Zona Zero, La Galería y Las Vegas.

El resto de zonas se reparten por toda la isla, la más antigua es la Cañada del Capricho destacando en el fantástico escenario del Parque Nacional del Teide. En el oeste isleño se encuentra el Risco de Guaria, para muchos el santuario de la escalada tinerfeña, con un centenar de rutas de diferentes éticas y estilos. También destacamos Tabares, cercano a la capital de la isla, que si bien no es una escuela netamente deportiva nos permite combinar la escalada equipada con la escalada de autoprotección.

Tres pequeñas zonas destacan en el norte de Tenerife: Vistamar, cercano a la población de Santa Ursula, presenta una treintena de rutas y un fabuloso entorno natural, al contrario que las más urbanas Martiánez y San Marcos, la primera en medio de una población y convertida casi en un rocodromo natural, la segunda con algo más de calidad y casi medio centenar de rutas.

• Accesos:
Para los accesos a las zonas presentamos un pequeño plano que junto con la interpretación del texto nos llevará a las zonas de escalada. Las aproximaciones en la mayoría de los casos son inmediatas, de ser superiores a los 5´ se indicará en cada caso.

• Crokis:
Las vías se han marcado sobre fotografías. Diferenciamos las vías deportivas marcadas en rojo, con las que requieren autoprotección marcadas en amarillo, para una mejor orientación a la hora de localizarlas, también para conocer y respetar otros estilos de escalada.

Muchas de estas vías son accesibles en top rope desde las reuniones de las vías equipadas.

• Equipamiento :
Las vías marcadas en rojo están equipadas, por lo que sólo harán falta cintas expres; las marcadas en amarillo son rutas semiequipadas o sin equipar y necesitaremos para ellas material para la autoprotección. Gran parte de las rutas aquí presentadas cuentan con un equipamiento moderno, pero también nos podemos encontrar seguros oxidados, spits e incluso clavos. Debemos valorar nuestras capacidades y el estado actual de equipamiento, tanto en calidad como en cantidad, antes de acometer cualquier ruta.

• Cuerda:
Con una cuerda de 60 mts es suficiente para la mayoría de las vías. Si las rutas sobrepasan los 30 mts se indicará, sobre todo en Guaria y en La Galería, donde en ocasiones será necesario escalar con cuerdas de 70 mts ó incluso algo más. En cualquier caso siempre debemos hacer un nudo al final de la cuerda.

INTRODUCTION

• Grado:
A pesar de que se procura una cierta homogeneidad en las cotaciones, siempre podemos encontrar algún desbarajuste. Día a día, se suben, se bajan y se reajustan para lograr unos grados acordes dentro de la isla, incluso de cada zona, pero no es tarea fácil. Tomadlo pues, a modo orientativo.

• Roca:
La roca de tonalidades rojizas del sur de la isla, mayoritariamente ignimbritas y traquibasaltos contrastan con los oscuros basaltos del las zonas del norte. Su naturaleza volcánica hace que a veces se presente fracturada en bloques por lo que no hay que bajar la guardia ni siquiera en los pies de vías. Los piroclastos compactados de la Cañada del Capricho presentan una roca única.

• Epoca:
Todo el año, aunque en los meses más calurosos debemos optar por la orientación adecuada y buscar los sectores más sombríos. Los días de bochorno no te compliques, ve directamente a la playa. Pocas veces dejaremos de escalar en pleno invierno.

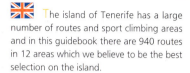 The island of Tenerife has a large number of routes and sport climbing areas and in this guidebook there are 940 routes in 12 areas which we believe to be the best selection on the island.

Without doubt the the reference point for sport climbing is the municipality of Arico in the southern region of Abona. This region has the greatest selection of climbing areas and from the guidebook 'Escaladas en Arico' (2007) we have selected and updated the areas of Arico, Los Naranjos, El Río, La Zona Zero, La Galería and Las Vegas.

The rest of the areas are located in other regions of the island. La Cañada del Capricho is the oldest area and is notable for its location within the wonderful scenery of Mount Teide National Park. Guaria is found in the west of the island and for many climbers it offers the best climbing on Tenerife with around 100 routes combining different ethics and styles. Tabares is also noteworthy due to its location close to the island's capital and whilst it is not entirely a sport climbing venue it does allow climbers to combine sport and traditional routes in the same area.

Tenerife
Escalada deportiva

Three small areas are included from the green north coast of Tenerife. Vistamar is located near to Santa Ursula and has around 30 routes in a beautiful natural landscape. Martiánez and San Marcos are located in more urban environments with the former having the characteristics of a natural climbing wall, whilst the latter has around 50 higher quality routes.

• Access:
Access to each area is shown on a small diagram with text indications. Most of the approaches are very short and if they are over 5 minutes this is clearly indicated.

• Topos:
Routes are clearly marked on photos. Sport routes are shown in red and traditional routes requiring placed protection are shown in yellow for clear indentification. This is also used to differentiate and respect other climbing styles. Many of the routes can be top-roped from adjacent lower-off points.

• Protection:
Routes shown in red are fully bolted and only require quickdraws. Routes shown in yellow are either partly bolted or with no fixed protection and in both cases a rack of gear will be required. Most of the routes in the guide are well bolted however rusty bolts, old bolts and pegs may be found. Before starting a route climbers need to evaluate their physical ability as well as the state of protection of the route.

• Rope:
A 60 metre rope is long enough for most routes. Routes over 30 metres are clearly shown especially in Guaria and La Galería where a rope of at least 70 metres may be needed. In all cases a knot shoud be tied at the end of the rope.

• Grades:
Despite efforts to achieve a similar level of grading in all areas, occasional exceptions may be found. Grades can change to achieve a fair balance throughout the island and in each area, but this is not easy. Grades should therefore be taken as orientative.

• Rock:
Rock in the south of the island is red in tone, mostly ignimbrite and trachybasalt, and contrasts with the dark coloured basalt of the north of the island. The volcanic origin of the rock has led to some areas having cracked blocks and care should be taken especially at the foot of routes. The compact pyroclastic rock of la Cañada del Capricho is considered unique.

• Climbing season:
Climbing is possible all year round however during the warmest months orientation should be taken into consideration and use made of the areas with more shade. On very hot days take it easy and go to the beach. Even in the depths of winter there are very few occasions when you cannot climb.

Tenerife
Escalada deportiva

HISTORIA

Desde que se escala en la isla de Tenerife su centro neurálgico siempre estuvo situado en los roques y paredes de Las Cañadas del Teide. Cuando a principios de los 80 irrumpe en toda España el fenómeno del free climbing, los pocos escaladores isleños encuentran en las fisuras de Tabares el terreno propicio para la práctica de la escalada libre de dificultad, así en 1983 un grupo encabezado por Pablo Castilla y Eduardo T. Bazzochi escalan vías como la *Fisura Yosemite* VI inf, La *Genocidio* VI o La *Butterfingers* VI sup (hoy 7a), claramente influenciados por el libro de George Meyers "Escaladas en Yosemite" y los escaladores americanos, con sus pintas, liberaciones, fisuras y empotradores. Ese mismo año y siguiendo las más modernas corrientes de escalada, equipan desde arriba la *Transilvania* 6c+ en la Cañada del Capricho. También desde arriba pero en el roque de La Catedral, Antonio R. Villar y Marcelino Báez equipan con buriles la Placa Roja que a partir de ese momento pasó a llamarse Placa de los Friquis (en alusión a los modernos freeclimbers de la época). Este fue el gen que dio paso al nacimiento de la escalada deportiva, y fue en la Cañada del Capricho donde se equiparon las primeras rutas, vías como la *Rainbow* 6a, el *Espolón del sol* 6b+ o *Aureola no me toques la pirola* 6c+, a cargo de los friquis del momento.

Bazzochi en la Macroalima VI inf (Tabares 1982).

Villar en La placa de los friquis (La Catedral).

Tenerife
Escalada deportiva

Pablo Castilla (Cañada del Capricho 1992)

Un hecho importante es que en el año 1987 la Federación Tinerfeña adquiriese un taladro, en ese año se equipa en el Capricho La *Maximun*, irrealizable en un primer momento y por lo tanto cotada de octavo grado. Un escalador del norte de la isla, Ralph Kammerlander, ensaya un movimiento que el futuro llamaría "Yaniro" y la consigue encadenar proponiéndola de 7c, hoy convertida en un explosivo 7b. Era la época de los fríos y divertidos vivacs en La Ermita, del spit y de las mallas de colores, donde el grado se forjó en cortos y explosivos desplomes, muchos de ellos de cantos tallados, así surgen *Bioblast* 7b+, *Chain bicicleta* 7b+, *Metalmilitia* 7c ó *Subway* (7c+/8a).

Otro hecho clave es el descubrimiento en el sur de la isla de nuevas posibilidades para la escalada deportiva, si bien ya se escalaba en Las Vegas y Valle San Lorenzo, es en febrero de 1989 cuando se equipan en Arico las primeras vías. Quienes dan el pistoletazo de salida son Javier Martín y Roberto Tejera, también los sureños Francisco Reyes "Fran" y "Sus", como dato curioso fue *El espolón del rampa* 6a la primera ruta equipada. No habíamos cambiado de década, Arico sólo contaba con 21

Ralph en Subway (Cañada del Capricho)

Tenerife
Escalada deportiva

HISTORIA

vías y había quien iba a hacerlas todas en el día. Ante tanto terreno virgen se unen otros equipadores Delfino Méndez "Nene", Alberto Peláez, también lo hicieron Ralph y Pablo. El barranco se llena de rutas y es en 1991 cuando se empieza a equipar la zona de abajo, la aparente mala calidad de la parte baja de la pared hizo que a las primeras vías se accediese al estilo Tabares; las vías se rapelaban y contaban con reunión intermedia, una silla de madera colgó durante algún tiempo del final del desplome de *La Silla Eléctrica* 7b. No fue hasta un buen día de lluvia, cuando refugiados en los desplomes ya con parabolts y peleandonos con las zarzas, nos dimos cuenta del verdadero potencial de la zona, fue así como nació el Gimnasio de Fran.

El caluroso risco de Guaria ya había sido visitado por los escaladores, Villar y Nene abren la fisura del *Diedro Negro* 6a+ y es en 1992 cuando se equipan las primeras vías deportivas, *Peter Punk* 6b+ y *Orient Express* 6c+ a cargo de Javi y Fran. Una mentalidad herencia del "clean-climbing" de Tabares y de los roques de Las Cañadas permitió el desarrollo y la convivencia de

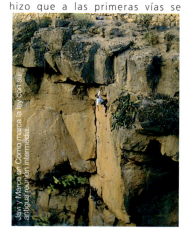

Javi y Marco en Como marca la ley con su antigua reunión intermedia.

Fran abriendo desde abajo el 3er largo de Nacido para sufrir y morir 7b (Guaria).

Tenerife
Escalada deportiva

HISTORIA

Delfino Méndez "Nene" en el Espolón bolsón 7a+ (Guaria).

diferentes estilos de escalada; vías clásicas y deportivas, vias de escalada limpia y vías de artificial. Pronto rutas como *Bienvenido a Guaria* 7a y *Alcohol etílico* 7c se convierten, cada una en su estilo, en las referencias de la zona. A los equipadores habituales se les fueron sumando Marcelino, Pablo Mata "el Ruso", José "Bukanan", Ruymán, Diego y los hermanos Kammerlander entre otros. Estos últimos son los autores de las rutas más difíciles del Acantilado de Martiánez, concebido inicialmente como zona de entrenamiento cercana a su casa, culminada por Alex con *Takikardia* como primer 8b tinerfeño en 1995.

Un salto cualitativo se produce coincidiendo con el cambio de siglo, cuando Nene se instala en el Río y equipa las primeras vías, en seguida se unen Diego Méndez y Juan Carlos Zamora "Gitano", creando junto con otros equipadores casi un centenar de buenas rutas, donde curiosamente la primera vía equipada, *Guayota*, hace que Ricardo Hernández sea el primer tinerfeño en encadenar 8c.

Con las "grandes" zonas ya prácticamente equipadas la escalada crece en pequeños sectores diseminados por la isla; la Galería del Pino con Pedro García y Javi Robayna a la cabeza, San Marcos con Moisés, Juani y Marcos entre otros, Vistamar por la gente del rocódromo del Castillo... también José de Granadilla, Javier Palmero "el Chamo", Juan "el Regleta", Melo y tantos equipadores que se quedan sin nombrar.

Durante los últimos años se sigue equipando hasta exprimir al máximo la roca y el grado, se sigue a la caza de nuevos sectores y gracias a las importantes aportaciones de clubs como el Caverock y más recientemente de la Federación se están reequipado muchas vías eliminando los viejos spits.

La historia continua, hay más sectores, por supuesto también más actores y lo aquí reseñado no es sino un resumen de lo más significativo ocurrido durante los casi 30 años de escalada deportiva tinerfeña.

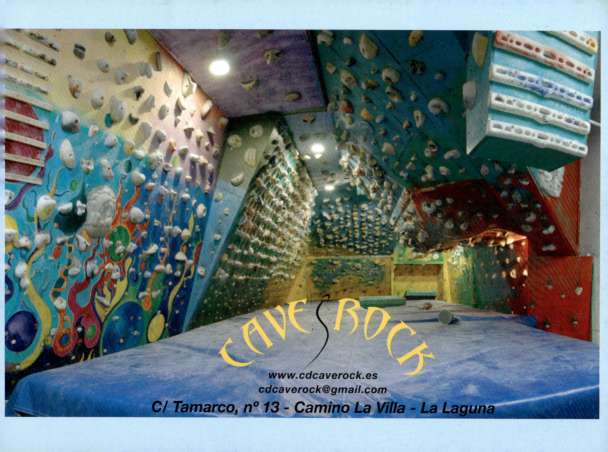

Cañada del Capricho

▪ Zona pionera de la escalada deportiva isleña. Situada a más de 2.000 mts de altura, en un entorno único y con un clima propio de alta montaña. Nos ofrece una disposición laberíntica de torreones, pasillos y formas cavernosas donde se reparten cortos y explosivos desplomes junto a placas de adherencia. Un buen lugar para practicar la escalada en bloque, numerosos pasos, casi sin marcar, por cualquier rincón de la zona. Roca abrasiva y única.

▪ This was the first area developed for sport climbing on the island. It is situated at a height of 2.000 metres in a beautiful landscape with a climate similar to high mountain zones. The area is a labyrinth of towers, passages and cave-like formations where short, powerful overhangs are found next to slabs. It's a great location for bouldering with problems found in all parts of the area. The rock is tough on skin but unique in character.

Tajinaste rojo

La Cañada del Capricho bajo la montaña de Guajara (2.715 mts.)

Tenerife
Escalada deportiva

acceso:

En el Parador de Turismo, en el Parque Nacional del Teide, y desde la rotonda del aparcamiento de la Ermita, sale un sendero que en 10 minutos nos dejará en la Cañada del Capricho.

access:

Start from the Parador in the Mount Teide National Park. By the roundabout close to the chapel a track leads to La Cañada del Capricho after walking for about 10 minutes.

Sombra en un bloque de 6b+

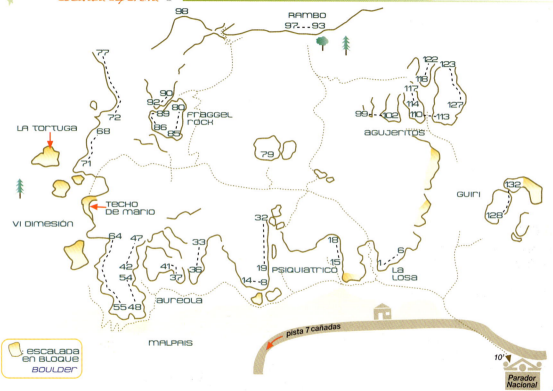

Tenerife
Escalada deportiva

La Losa

El Diedro

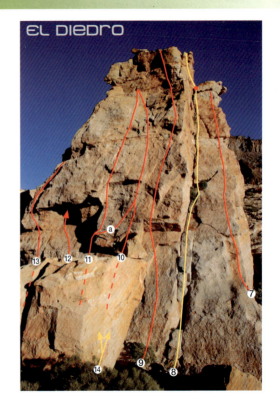

N°	Nombre	Dif.	Observaciones
1-6		III - IV	*Vías en top rope*
7	Asin no	6a	
8	Vía del diedro	IV	*Autoprotección*
9	Ojo del diablo	7a	
10	Yononono	6c	
11	Toste del pegoste	6a	a) 6a
12	Artificial		
13	La grieta	6a	
14	Bloque	6b+	*grado bloque*

maximun

Nº	Nombre	Dif.	Observaciones
15	Coitus interruptus	7a	
16	Bioblast	7b+	
17	Maximun	7b	
18	Andrés pruébala otra vez	8a	

Javi en el paso clave de la Maximun 7b. (1992)

Tenerife
Escalada deportiva

 CAPRICHO

Nº	Nombre	Dif.	Observaciones
14	Bloque	6b+	*Boulder*
7	Asín no	6a	
19	Hanky-Punky	7a	a) 7b b) 7c?
20	Waterloo	V+	*Autoprotección*
21	Cuajada de pus	6c	
22	Transilvania	7a	
23	La vía del Cesar	6c	
24	No te eskakees	6b+	
25	Bavaresa	V	*Autoprotección*
26	La misión del peregrino	6c	
27	Los últimos días del mesías	6a+	
28	Follada a medias	6a	
29	Bitelchus	6c	
30	Anmarillo	6b	
31	En este angulito perdí el pito	6b+	*Top rope*
32	En este bordillo perdí el frenillo	6a	*Top rope*

Kike en la Hanky-Punky 7a.

CHAIN

AUREOLA

N°	Nombre	Dif.	Observaciones
33	Kill yourself	?	
34	Chain bicicleta	7b+	
35	Gustavo reportero	7b+	
36	Dando botitos	6c	

N°	Nombre	Dif.	Observaciones
37	Placa de Bazzocchi	6a	a) V
38	El diedro del clavo rojo	V+	
39	El camión de la basura	6c	
40	La killa	6c+	
41	Techo gordo de Petete	8a	

CAPRICHO

aureola

Nº	Nombre	Dif.	Observaciones
42	Guiripolla	6b+	
43	La cara del mono	6c	
44	RayaKayac	6b	*Oculta*
45	Take a bit	6c	*Oculta*
46	Un puta rara	6c+	
47	Una puta rara y su hija	7a	

Hector en un pegue a Kim Bassinger 7b+

Tenerife
Escalada deportiva

Nº	Nombre	Dif.	Observaciones
48	Te huelen los pies	6a	
49	Espolón del sol	6b+	
50	La fisura inclinada	V	*Autoprotección*
51	Aureola no me toques la pirola	6c+	
52			
53	Fisura	6a	*Autoprotección*
54	No lo sabes ya?		

Manuel en el desplome de la Aureola 6c+.

SEXTA DIMENSIÓN

Nº	Nombre	Dif.	Observaciones
55	Stone Master	6c	
56	Laudelino Cubino	7a+	
57	El canalizo	V	Autoprotección
58	Chimenea de los catalanes	IV+	Autoprotección
59	La brújula	V+	
60	La porqueria	6a	
61	La mierda	6a	
62	La pinta	6b	
63	No repercute	6a	
64	El techo de los calvos	7b	

Tenerife
Escalada deportiva

SEXTA DIMENSION

Nº	Nombre	Dif.	Observaciones
65	Comic	7c	
65'	Techo de Mario	7b+	
66	Subway	7c+/8a	
67	Sirikelenke	8b	
67'	Variante	8b+	
a	Travesias y bloques		

Nº	Nombre	Dif.	Observaciones
68	Top model	7b	
69	Sicatral	6c	
70	Canalón penetrante	IV+	
71	Amistades peligrosas	IV+	
76	La contractura	7a	
78	La tortuga		*boulder*

Abraham en la Subway 7c+/8a. Foto: Oliver Lavoisey

Tenerife
Escalada deportiva

SEXTA DIMENSION

Nº	Nombre	Dif.	Observaciones
72	Techo del rosal	6b	*boulder*
73	Sabrasatila de masacre	7a	*35 mts.*
74	De Rubén	7b+	
75	Nos dieron el pego	?	
76	La contractura	7a	
77	La línea mágica	6a	

a) Proj.   b) Antigua

c	Falta de profesionalidad	6a+
d	Cero energético	6b
e	Siglo XXI	6c
f	Tacto rectal	6c
g	La alfombra voladora	6a

Tortuga

Nº	Nombre	Dif.	Grado bloque
78	La tortuga	V+	a) 6a b) 7c c) 7a d) 6a+ e) 6a+ f) 6b

Bisbita caminero

Javi en La travesía del Techo del Rosal. Foto: Javier Palmero (El Chamo)

Tenerife
Escalada deportiva

FRAGGEL ROCK

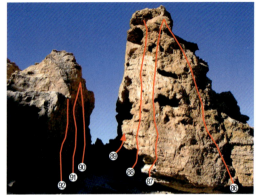

Nº	Nombre	Dif.	Observaciones
79	Techo de Bartolo	7c	
80	La esquina del viento	IV	
81	Bananas	7b	
82	Dudo	7b	
83	Mussi	6c	
84	Bobo	6a	
85	Curri	6b	

Nº	Nombre	Dif.	Observaciones
86	Indecisiones	6a+	
87	Trasvisionvan	6b	
88	Eigerband	6b	
89	Lavatropfen	6a+	
90	Callejón oscuro	6b	
91	Puta picoleta	V+	
92	Cero a la izquierda	6a	

Tenerife
Escalada deportiva

CAPRICHO

rambo

Gitano en Mussi 6c.

Nº	Nombre	Dif.	Observaciones
93	Boncho en Las Américas	6b	
94	Rainbow	6a, 6b	
95	Tatopani	6b	
96	Chapita lejana	6c	
97	Rebajas de enero	6a+	
98	No hay tacto	6c+	

Tenerife
Escalada deportiva

aguJeritos

N°	Nombre	Dif.	Observaciones
99	El capricho del nene	6a	*Tope-rope*
100	Kim Bassinger	7b+	
101	Metalmilitia	7c+	
102	Tállate la boca	8a	
103	Vaya trompada	6a+	
104	Boulderillo	V+	
105			

106	Marcado con sangre	7b
107	Eva no quería	7a+
108	Chuminito profundo	6c

Tenerife
Escalada deportiva

agujeritos

**CAPRICHO**

N°	Nombre	Dif.	Observaciones
109	Algo decente	6b+	
110	Sexo free	6a+	
111	Empuja los machos	6a+	
112			
113	Placa kantosa	V+	
114	Braguitas caladas	6c	
115	Mortales ingredientes	?	

N°	Nombre	Dif.	Observaciones
116	Maguila gorila	7b	
117	Malos perros	6c	
118	Danonemagarro	6c+	
119			
120	Me siento flex	6c	
121	Argollita chachi	6b	
122	Argollita chunga	6c+	

agujeritos

guiri

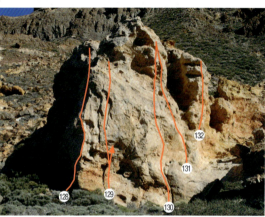

N°	Nombre	Dif.	Observaciones
123	El canalon del guiri	6a	
124	Por aki no pasas ni de guasa	6b	
125	El gallego no tiene pelo	6b+	
126	Tookiski la soba	7a	
127	Vía de Peláez	6a+	

N°	Nombre	Dif.	Observaciones
128	La chunga	6c+	
129	Pan biscochao	7a	
130	Palique palicoso	V+	
131	Schweinerey	6b	
132	El espolón del guiri	?	

Verónica escalando El espolón del sol 6b+.

Guaria

Guía de Isora

Tagarote

■ Espectacular sector que concentra las vías deportivas más largas de la isla, en ocasiones de una altura superior a los 35mts, predominando la escalada de continuidad sobre roca no del todo franca.

La morfología de la roca y la altura del risco hace que predomine una particular ética que mezcla la escalada deportiva con la escalada tradicional y las vías de autoprotección. Zona calurosa orientada al sur.

■ This is a spectacular climbing area with the longest sport routes on the island. Routes are sometimes over 35 metres in height, usually stamina routes on rock that is not always perfect. The rock formation and crag height have led to a mixture of styles combining sport climbing and traditional routes. It is south-facing and warm.

Sectores Big-wall y Tralla

Tenerife
Escalada deportiva

▌ acceso:

Entre Adeje y Guía de Isora y, cercano al pueblo de Tejina de Guía, están las casas de Acojeja. Subir hasta la última calle y continuar por la fuerte subida de El Choro. Aparcar en los alrededores de las útimas casas (nº 16 y 18 sin estorbar). Un sendero, sucio al comenzar, que pasa por detrás de la útima casa nos llevará en 15´ hasta el pie de risco.

▌ access:

Between Adeje and Guía de Isora, close to the village of Tejina de Guía, you will find the hamlet of Acojeja. Drive up to the last street and continue up the steep road to El Choro. Carefully park by the side of the last houses (16 and 18). Take the track which starts behind the last house and in 15 minutes you will be at the foot of the crag.

Tenerife
Escalada deportiva

GUARIA

entrada

Nº	Nombre	Dif.	Observaciones
1	Pollo a la brasa	6a	
2	La Rampa	6a	
3	La Rampita	6a	
4	Friend humano	6a	
5	Javi y su pandilla	6c	
6	Cucarachas en Bajamar	6b	
7	La Quilla	6a+	
8	Coyote cojo	6b	*Autoprotección*
9	Los lunnis	6a	
10	Sopa de escualo	6b	
11	José-Isa	V	*Autoprotección*
12	Que bonitas son mis niñas	V+	
13	Sabor a fresa	6a	*Semiequipada*
14	El destrepe	IV-	*Autoprotección*
15	El trepe	6a	

PETER PUNK

Tenerife
Escalada deportiva

2 GUARIA

Nº	Nombre	Dif.	Observaciones
16	Voy pal moro	6c	
17		6c	
18	Capricornio	V+	
19	Espolón Tahiche	6c+	
20	Peter punk	6b+	
21	Bazuka pum	7b+	
22	Goma de Oklajoma	6c+	*Autoprotección*
23	Tira de cadena	6c	*Autoprotección*
24	Operación rescate	6c+	
25	El problema	6b+	
26	La perla negra	6a	
27	Panamericana	6c+	
28	Haceros inoxidables	7a+	
29	Departamento narcóticos	7a+	
30	Diez años después	6b+	*35 mts.*
31	Los tres llorones	6a+,6b+	*Tradicional*

Oliver en la Panamericana 6c+.

Tenerife
Escalada deportiva

Santi en Haz historia 8a. Foto: Juan Carlos Zamora.

Nº	Nombre	Dif.	Observaciones
31	Los tres llorones	6a+,6b+	*Autoprotección*
32	Tiempos de lluvia	6b	*Autoprotección*
33	El chivato del Ortigal	6c+	
34	El energúmeno	7a+	
35	Vía del Pelaez	7c	
36	Proj.		
37	Punkis de postal	7b+	
38	La vía del Cántabro	6b+	
39			
40	Haz historia	8a	
41	Comando 25	7a	
42	El poder del invasor	6b	
43	Globo permanente	6b+	
44	El espolón Walker de Guaria	6b+	
45	Sacaté del beletén	6c	*40 mts.*
46	Matando mosquitos	V+	*Autoprotección*
47	Turre pal goro	7a	*35 mts.*
48	Ezquizofrenia trascendental	6b+,6c	
49	Orient express	6c+,7b	
49'	Transiberiana	6b	*35 mts.*
50	Diedro negro	6a+,6b+	*Autoprotección*
51	Variante	6a	*Autoprotección*

COMANDO 25

Tenerife
Escalada deportiva

UTAH

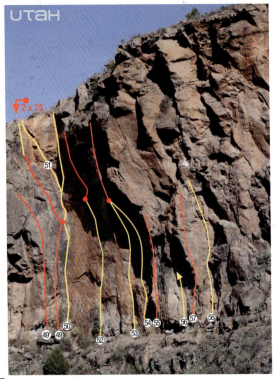

N°	Nombre	Dif.	Observaciones
49	Orient express	6c+,7b	
49'	Transiberiana	6b	*35 mts.*
50	Diedro negro	6a+,6b+	*Autoprotección*
51	Variante	6a	*Autoprotección*
52	Bienvenido a Guaria	7a,7b	*Autoprotección*
53	Verano en Texas	6c,7b+	*Autoprotección*
54	5.12a	7a+	*Autoprotección*
55	Escuela de calor	8a+	
56			
57	Poblado cromañon	7c+	
58	Chikito un tostero	6c+	*Autoprotección*

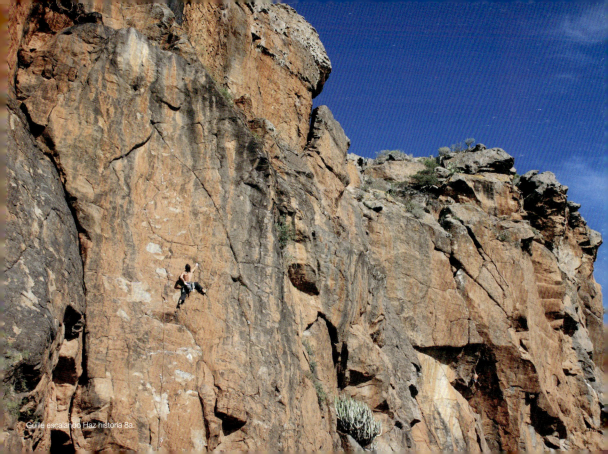

Guille escalando Haz historia 8a.

Tenerife
Escalada deportiva

BIG-WALL

Tenerife
Escalada deportiva

2 GUARIA

Nº	Nombre	Dif.	Observaciones
59			*Tradicional*
60	Entrando en onda	V-,A2,V+	*Tradicional*
61	Surgió de repente	6c+	
62	Sangre ajena	6c,6c,6a+	*Tradicional*
63	Sin anestesia	6c Ae,7a A0,6c A1	*Tradicional*
64	Grado Carrefour	6c	
65	Nacido pa´sufrir y morir	7a,6c,7b,6a+	*Tradicional*
66	Km 5	7a+,7c	*35 mts.*
67	En cuerda fija	6b+,6b A0,A2+, A2	*Tradicional*
68	Metal forjado	6c+	
69	Vía de Pablo	7b,6b+	*35 mts.*
69´	Alta traición	7a	*35 mts.*
70	Ropita friki	6b,7a,6b	*Tradicional*
71	La rubia rica de Guía	6c+	
72	Ropita vieja	6c+,V+,6b	*Tradicional*
73	Espolón bolsón	7a+	
74	El retroceso de los heavys	7a	*Semiequipada*
75	Cantrans	6b+	*Autoprotección*
76	Café caliente y duro	6b+,6b+,V+	*Tradicional*
77	Proj.		
78	La raya blanca		*35 mts.*

Diego autoprotegiéndose en Bienvenido a Guaria 7a

N°	Nombre	Dif.	Observaciones
78	La raya blanca		+35 mts.
79	Paranoia	8a	35 mts.
80	Proj.		35 mts.
81	Guaria pa' escaladores	6b+,7?,6b	Tradicional
82	Futuro incierto	6b+,A2,6b A1	Tradicional
83	Artificial Ruso-Ruyman		
84	Proj. Siglo XXI		
85	Laberinto al descubierto	A2, A1, A2	Tradicional
86	Tabaiba trapi	8a	
87	La quilla	?	
88	Dan Osman Proj.		
89	Manipulador de elementos	8a	
90	Morralla de basca	8a	
91	Proj. Javi el godo		
92	Vía de Bukanan	7a+	
93	La dignidad de los mayores	A2+,IV+ A1, A3+	sin maza
94	Proj.		
95	El dia de la bestia	7c+	35 mts.
96	Carnaval Guaria	8a	35 mts.
97	Godzila	?	
98	Alcohol etílico	7c,6c	35 mts.
99	Proj.		
100	Conexión Guaria	7c+	35 mts.
101	Neandhertal	8b	
102	Proj.		
103	Se cierra y tiene patio	7a+,7a	Autoprotección
104	El señor de Guaria	V+ A1(7a),6a,6a,6b	Tradicional
105	Proj.		
106	La copa de la vida	8a+	
107	Ketama	7b+	
108	Chechawen	?	

Tralla

Tenerife
Escalada deportiva

Guaria

El risco de Guaria está situado dentro del Espacio Natural Protegido de La Montaña de Tejina y como tal, está sujeto a unas normas de conservación que regulan las actividades dentro de este paraje natural. En el artículo 19 contempla la escalada como Uso Autorizable.

La escalada en esta zona siempre ha sido compatible con la conservación de los valores naturales, tanto de la fauna como de la flora silvestre. En estos últimos años, una especie protegida, y actualmente en franco proceso de expansión, el Halcón de Tagarote *Falco pelegrinoides*, nidifica en estas paredes. El aumento de la población escaladora y por lo tanto su afluencia al risco, ha hecho que a la problemática medioambiental se añadan problemas con los vecinos más próximos, sobre todo por la escasez de aparcamientos.

Basándose en estas razones y sobre todo en aras de proteger la zona de las masificaciones y la suciedad, los aperturistas y equipadores de la mayoría de sus rutas acordaron no publicar crokis ni artículos en revistas especializadas, si bien nunca se negó información y como reza una de sus mejores vias; se "Bienvenido a Guaria".

El boca a boca hacía que cada vez llegasen más escaladores, los extranjeros ignorando la problemática sacaron algunos artículos en revistas, aparecieron parabolt donde se había escalado sin ellos y con la llegada de internet la difusión fué imparable, como también los númerosos datos erroneos que ofrecían estas publicaciones. Todo ello llevó a incluirlo en la presente guía, apelando a la conciencia individual de cada escalador que visita este risco.

Por favor, respeta las entradas de las casas y fincas y en época de nidificación (febrero-junio) no pases del pino, si observas que el halcón ha nidificado antes de este árbol no hagas las vías de ese sector. Actúa de manera responsable con el medio, no sólo en esta zona, también en el resto. Por favor, no dejes basuras, ni colillas, ni papel higiénico.

🇬🇧 Guaria is located within the Tejina Mountains Protected Area and therefore subject to conservation measures which cover any activity within this natural landscape. In Article 19 of these measures climbing is classified as an authorized activity.

Climbing in this area has always been compatible with conservation of the fauna and flora. Over the last few years the Tagarote Hawk *Falco pelegrinoides*, a protected species going through a phase of expansion, has nested in this area. The general increase in the number of climbers and a rise in the number of visitors to this crag has led to environmental consequences. In addition the lack of parking spaces has also caused problems with local residents.

Due to these circumstances, and above all the desire to protect the area from the overcrowding and rubbish found in other areas, the developers of the majority of the routes in this area decided against publishing topos and magazine articles whilst at the same time always providing information and, as one of the best routes in the area states, giving visitors a 'Welcome to Guaria'. Word of mouth led to more local climbers visiting the area. Foreign climbers who were unaware of the problems of the area wrote magazine articles, bolts appeared on existing traditional routes and incorrect information was made available on the internet. This has led to the inclusion of the area in this guidebook assuming that each visiting climber will be conscious of the consequences of their actions.

Please repect the entrance to houses and fields and during the nesting period (February – June) do not go past the pine tree. If you can see that the hawk has nested before the pine tree do not climb the routes nearby. Act in a responsible manner in all climbing areas. Please do not leave rubbish, cigarette butts nor toilet paper.

Arico

- Es la zona que mayor número de vías concentra de la isla. En el sector de arriba las vías son más cortas y de grado asequible, al contrario que el sector de abajo, donde las vías son más largas y el grado más elevado. Dada la orientación del barranco se puede alternar sol y sombra durante todo el día. En toda la zona también podemos practicar la escalada en bloque. El pequeño sector de los Naranjos reúne una treintena de rutas de hasta 20mts., a la sombra por la tarde.

- This is the climbing area with the greatest concentration of routes. In the upper gorge routes are shorter and usually of a lower grade than the lower gorge where the routes are longer with higher grades. Due to the orientation of the area you can find sun or shade all year round. There is bouldering in both sectors. The smaller Los Naranjos area has around 30 routes up to 20 metres in height and with shade in the afternoon.

Herrerillo

En los bloques de Arico arriba

acceso:

Desde la Villa de Arico tomamos la estrecha carretera asfaltada que sube al contador. A unos 3 km, en las casas de Ortiz nos desviamos a la derecha por una pequeña carretera asfaltada hasta llegar al puente donde aparcaremos. Para llegar a Los Naranjos existe una pequeña desviación a la izda. antes de llegar a Ortiz que seguiremos 3 km y aparcamos en una explanada donde se divisa este pequeño sector.

access:

From the village of Arico take the narrow road which rises in the direction of El Contador. Follow the road for about 3 kms to reach a small group of houses signposted Ortiz. Take the small asphalt road leading off to the right and follow it to a bridge where parking is available.

For Los Naranjos take the small road to the left located about 2km from the village and 1 km before Ortiz. Follow this road for 3 kms and park in a flat clearing from where the climbing area is visible.

3 arico arriba

sector arico arriba

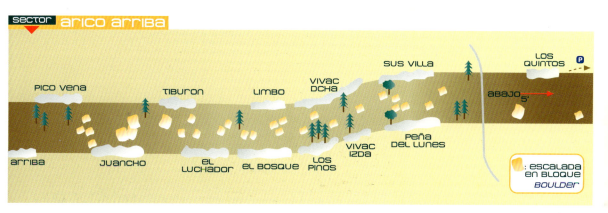

LOS QUINTOS

Nº	Nombre	Dif.	Observaciones
1	Corazón de metal	6a	
2		V	
3		V-	
4	La guarra	IV+	
5	Iniciación	V-	
6	Pa'empezar	V-	
7		IV	
8		V	

SUS VILLA

Nº	Nombre	Dif.	Observaciones
9	Casca la basca	6a	
10	Batracio	6b+	
11	Sus villa	6b	
12	No hay colega sin taco	V	
13	El diedro	V+	
14	El terror de las chiquillas	V+	
15	La venganza del godo	6a+	

Tenerife
Escalada deportiva

3 arico arriba

PEÑA DEL LUNES

Nº	Nombre	Dif.	Observaciones
16	Nelson Mándele	V+	
17	Subidón al cazo	V+	
18	Desprecio a la envergadura	V	
a	Rebecca	V	
19	Espolón del rampa	6a	
20	Peña del lunes	6b	
21	La fisura del paliza	6c	*Autoprotección*
22	La placa del friki	6b+	
23	No hay piedá pa' los godos	6c	

VIVAC IZQUIERDA

Nº	Nombre	Dif.	Observaciones
24	Sick english	6a	
25	Wirito santo	6c	
26	Papi chulo	V+	*Autoprotección*
27	Papi chola	V	*Autoprotección*
28	Km 11	6b	
29	No cepillo más	6a+	
30	El bichorro	6b	
31	A lanjarón por un jamón	6a+	
32	V+/8a	6c	
33		6b	
34	Me empalo un palo	6c	

VIVAC DERECHA 1

VIVAC DERECHA 2

Nº	Nombre	Dif.	Observaciones
35	Honguitos peligrosos	6b+	
36	Flipa flopa	6b	
37	Peta de kilo	6a	
38	Potaje canario	6b	

Nº	Nombre	Dif.	Observaciones
39	No hay nivel	V+	
40	Mónica diabólica	V	
41	La mosca	7a	
42	Noches de coral	6a+	

Vivac Derecha 3

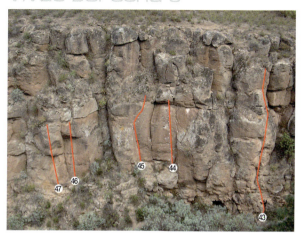

Nº	Nombre	Dif.	Observaciones
43	Monkey	V+	
44	Todos con Poli	6a	
45	Rantamplan	6b	
46	Ortodoxo	6c	
47	Tripa de cerdo	6c	

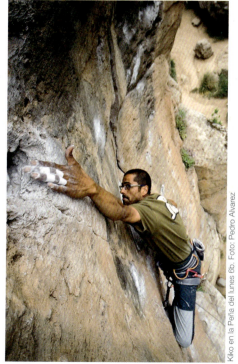

Kiko en la Peña del lunes 6b. Foto: Pedro Álvarez

EL LIMBO

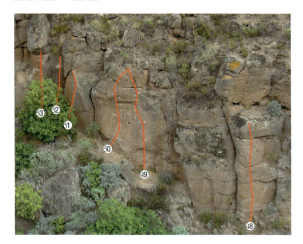

Nº	Nombre	Dif.	Observaciones
48	El enanito impotente	6a	
49	De aki pa'l limbo	6c+/7a	
50	Berberechos al natural	6c+	
51	No llegues tarde	7a	
52	Apreta	7b	
53	Madia la cododá	6b+	

Tenerife
Escalada deportiva

3 arico arriba

LOS PINOS IZQUIERDA

LOS PINOS

Nº	Nombre	Dif.	Observaciones
54	Mi abuelita la maldita	6b+	
55	El desastre del invasor	6b	
56	Uf uf	6c	
57	El techo	6b+	
58	Distorsión total	V+	
59	Aceitunas	6c	

Nº	Nombre	Dif.	Observaciones
60	Oligoelementos	6a	
61	Papeo chachi	6b+	
62	Papeo chungo	6b	
63	Los robadores	6a+	
64	Comando Madrid	7a	
65	Distorsión craneal	6b+	
66	Mac Nesio	6a+	

LOS PINOS DERECHA

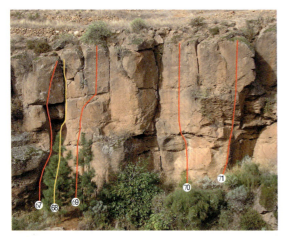

Nº	Nombre	Dif.	Observaciones
67	Reposo reposo	6c+	
68	Reposo bloqueado	6a	*Autoprotección*
69	Control mental	6b+	
70	Pumuki el preso	6c+	
71	El poder chicha	6c	

EL BOSQUE IZQUIERDA

Nº	Nombre	Dif.	Observaciones
72	Grado keniata	6b+	
73	La directa	7a	
74	Makinavaja	6a+	

Tenerife
Escalada deportiva

arico arriba

el bosque derecha

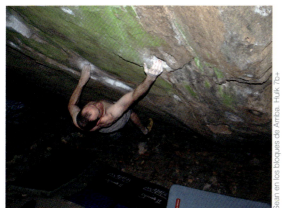

Sean en los bloques de Arriba. Hulk 7b+

Nº	Nombre	Dif.	Observaciones
75	Anarkía en el planeta	7a	
76	La viuda del bosque	6b	
77	La vía del men	7b	
78	Relájate primo	7a+	
79	El escudo del guerrero	7a	
80	Alucina con mi vecina	6c	
81	Protusión discal	6b+	
82	Alguien palmó	6b	
83	Capsulitis	6c	
84	La puta del bosque	6b	

el luchador izquierda

N°	Nombre	Dif.	Observaciones
85	La banda del cojo	6c+	
86	Superlopez	6b	
87	El contrato del zapatero	6b	
88	El luchador	6c+	
89	Desequilibrio ganso	7a	
90	Elemento barriada	6a+	
91	Y porque no?	V+	
92	Serva virgen	6b+	

Antón encadena Pinzatelo bien 7b

Tenerife
Escalada deportiva

3 arico arriba

EL LUCHADOR DERECHA

TIBURÓN

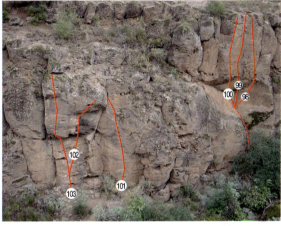

Nº	Nombre	Dif.	Observaciones
93	Las gotitas del miedo	7a	
94	Cómprate un frelax	7a	
95	Naranjeitor	7b+	
96	La aspirina	?	
97	Dos talegos y medio	6c+	

Nº	Nombre	Dif.	Observaciones
98	Malas noticias	6b	
99	Los jurones de la Orotava	7a	
100	Más salido que el pico de una plancha	7a	
101	Luxación en la 3ª neurona	6b+	
102	Rápido como un tiburón	7a	
103	Tranki como un berberecho	6b+	

Tenerife
Escalada deportiva

JUANCHO

Nº	Nombre	Dif.	Observaciones
104	Pa' los pollos	6c	*Autoprotección*
105	Moco line	7c+	
106	Pínzatelo bien	7b	
107	Comisario antidoping	7a+	
108	Oye frudis!!	6a+	*Autoprotección*
109	Alguien voló sobre el chozo del cuca	8a	
110	Dulce revolcón	6b	
111	Y tú porque no equipas?	6c	
112	La niña	7a+	
113	El bueno, el feo y el malo	8a	
114	Nasio pa' na'	7b	
115	Suéltame grifa	6b	
116	Lagarto juancho	7c+	
117	Bloque + 116	8a+	

Tenerife
Escalada deportiva

3 arico arriba

pico vena

arriba

Nº	Nombre	Dif.	Observaciones
118	A punto de ebullición	6a	
119	Pico vena	6b	
120	Pedro pico	V+	
121		6a	
122		V+	

Nº	Nombre	Dif.	Observaciones
123	Paquito gigoló	6c	
124	¡¡ Ay chiquilla !!	7a	
125	Suministros coronas	6b	

Tenerife
Escalada deportiva

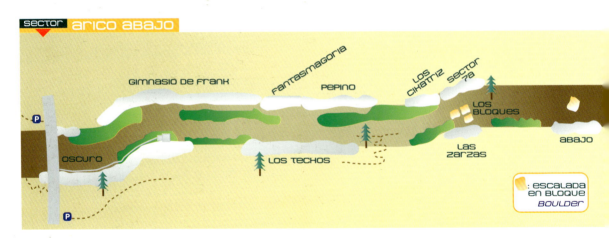

Tenerife
Escalada deportiva

3 arico abajo

GIMNASIO DE FRANK IZQUIERDA

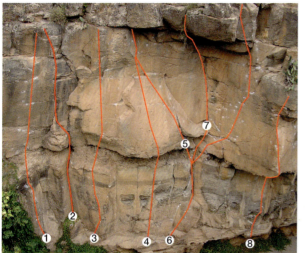

Nº	Nombre	Dif.	Observaciones
1	Sin exceso de peso	7b	
2	Joe peta	6c	
3	Alfred J.Kwac	7a	
4		6b+	*Top rope*
5	Barrio conflictivo	6b	
6	Como marca la ley	6c+	
7	La fisura	?	*Equipamiento ?*

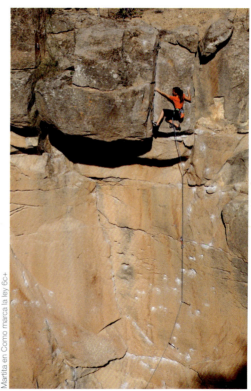

Martita en Como marca la ley 6c+

GIMNASIO DE FRANK CENTRO

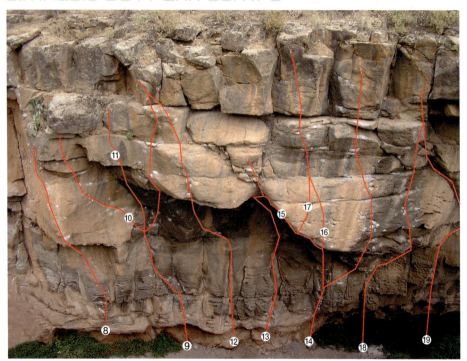

Tenerife
Escalada deportiva

3 arico abajo

Yoni en El calvario del Camborio 7c/+. Foto: Oliver Lavoisey

Nº	Nombre	Dif.	Observaciones
8	La techin	7c	
9	El poder de un coño	7b+	
10	Max potter	7a	
11	No seas perro	?	
12	El taco de Fran	7b+	
13	¡¡ Agüita !!	7a+	

Nº	Nombre	Dif.	Observaciones
14	La silla eléctrica	7b	
15	El calvario del Camborio	7c/+	
16	Abuaj!! el diablo	7b+	
17	Cabrolina	7b+	
18	La vagoneta	7a	*Escalera de cuerda*
19	Tabares es lo que vale	7a	*Escalera de cuerda*

Tenerife
Escalada deportiva

GIMNASIO DE FRANK DERECHA

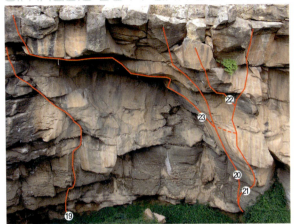

N°	Nombre	Dif.	Observaciones
19	Tabares es lo que vale	7a	
20	Bovino porcino	8b	
21	Vacuno moruno	8b	
22	Fátima	8b+	
23	Síndrome Canario	8c	
21+23	Los Jarris	8c+	

FANTASMAGORIA IZQUIERDA

N°	Nombre	Dif.	Observaciones
25	Sophia	7b+	
26	Avíspate!! uña negra	7a	
27	El insurjente Pablo	8a	
28	El Guanche de Guargacho	7a	
29	Chulo de turno	7a	
30	La basca ataca duro	6c+	
31	Agárramela bien	6c	

arico abajo

FANTASMAGORIA DERECHA

Tom y Abuají: el diablo 7b+. Foto:Oliver Lavoisey

N°	Nombre	Dif.	Observaciones
32	Vado permanente	V+	*Autoprotección*
33	Fantasmagoria	6b+	
34	Pasión por el ruido	6b	
35	Sin vivir	6c+?	
36	Ataud pa' seis	6c+	
37	El poderío de Javierío	7a+	

Tenerife
Escalada deportiva

Yeray en Bubangos cream 7c+/8a. Foto: Omar Caballero

Nº	Nombre	Dif.	Observaciones
38	Canarios a la vizcaina	7b+	
39	Robert Miller	8a	
40	Jala por el resuello	8a	
41	Sensación de pepino II	7b+	
42	Do the right thing	8a	
43	Variante pa' gigantes	7c+	
44	Anikilator	7b	
45	Lolo master	8b	
46	Arico power	8a	
47	Fly mouse	8a+	
48	Fermentos lacteos	6b+	
49	Las reinas de Cuenca	7c	
50	Luna llena	7a	
51	Ruleta rosa	7b+	
52	Cando 37	7c+	
53	Bubangos cream	7c+/8a	
54	Putas zarzas	7a	

Tenerife
Escalada deportiva

3 arico abajo

PEPINO

Ruyman encadenando el Calvario del Camborio 7c/+.
Foto: Oliver Lavoisey

Tenerife
Escalada deportiva

3 arico abajo

LOS CIKATRIZ — 7a

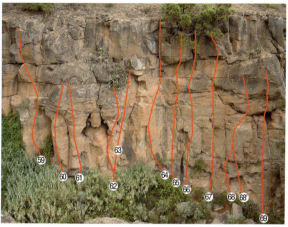

Nº	Nombre	Dif.	Observaciones
55	Ponte en pose	7a	
56	Nunca más	7a	
57	Mucha fibra y poca teta	7b+	
58	Los cikatriz	7c	
59	Balate strong	6c	
60	Cabo cañaveral izda.	6c+	
61	Cabo cañaveral dcha.	6c+	
62	La carabela del placer	6b+	
63	Como quieras	7a	
64	El regreso del patrón	7a	
65	Sin moska en la tapia	7a	
66	Chungo chungo ramalaso	6c+	
67	Autoexpansivo	6c	
68	Lactantes	7a	
68'	Variante de entrada	7a+	
69	Al huerto	6b	

Tenerife
Escalada deportiva

sector oscuro 1

Ale intentando Patricia 7c. Foto: Samuel García

Nº	Nombre	Dif.	Observaciones
70	Patricia	7c	
71	Moscas pegajosas	6b+	
72	Zipi	6c+	
73	Zape	7b	
74	Análisis final	7a	
75	Siempre jiñado y sin papel	7b	
76	La cara del mono	7b+	
77	Torán	7a	
78	Debajo del puente	7a+	

Tenerife
Escalada deportiva

3 arico abajo

SECTOR OSCURO 2

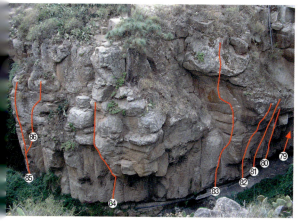

LOS TECHOS

N°	Nombre	Dif.	Observaciones
79	La más rara	7b+	
80	Black day	6c	
81	Como mi hijo Diego dijo	7b	
82	A saco Paco	7b	
83	El jipi del Opel Astra	6c	
84	Fiesta dance White Zombie	7a+	
85	El señor de las bestias	6b	
86	Maldita sea mi suerte	6c	

N°	Nombre	Dif.	Observaciones
87	Gobierno transparente	6b+	
88	Los frikis de Martianez	6b	
89	Quejones compulsivos	6b	
90	Atrapado en la noche	7a	
90'	Entrada directa	7b+	
91	Vacaciones en casa	6c	
92	Sin pata palo	6b	
93	Travel dedos	7b	

Tenerife
Escalada deportiva

LOS BLOQUES

Nº	Nombre	Dif.	Observaciones
94	Tombombadil	7b	
95	La fisura del clavo	V+	
96	La lógica de un loco	7b	
97	Bloque	V+	
98	La ruina del planeta	7a	
99	Semen reciclado	6b	
100	Cuanta chapa y yo que viejo	6c	

Nº	Nombre	Dif.	Observaciones
101	Dj. Gallego	7b+	
102	Chuminito flajeloso	7a	
103	Me sobran neuronas	7a+	
104	Garimba a medias	6b	

Tenerife
Escalada deportiva

3 arico abajo

ABAJO

Nº	Nombre	Dif.	Observaciones
105	Cefalópodo	7b+	
106	Seven Up	7b	
107	On the edge	7b	
108	Gans and rosi	6b+	

Nora y La silla eléctrica 7b. Foto: Ricardo Hdez.

Los Naranjos

3 LOS NARANJOS

N°	Nombre	Dif.	Observaciones
1	Del guiri		
2	Alucines power	6b	
3	La diosa Tara	6b+	
4	Bailando sobre el canal	6b	
5	Dankeschön	6c	
6	Toi engangao	6c	
7	Seco de mente	7a	
8	Oferta impacto	6c+	
9	Fareman	7b	
10	La fisura guapis	6a+	
11	Yo ya comí	8a	
12	Matrix	7c+?	
13	Canal pop	6c+	
14	Cocacolo	7c	
15	Chute de bioblast	7b+	
16	El mirindolo	7c+	
17	El desafio de las cucarachas	7b+	
18	Alpinista de las aristas	6a	*Autoprotección*
19	ONG	7a+	
20	El ricón de la tortura	7a	
21	Y si lo sé, lo pego	6c+	
22	Vigílame bien	6a	
23	Los locos de las motos	6b+	
24	Cojones desplazados	6b+	
25	El abejaruco	6b+	
26	Los principiantes	7a	
27	De otro guiri	6b	
28	Uff Sansón	6c	
29...33		V+...6b	

▪ Las vías en general oscilan entre los 25 y 30 mts, predominando la escalada técnica de continuidad con algún paso a bloque. Dada su orientación podemos alternar sol y sombra durante todo el día. La Zona Zero reune una veintena de vías, siendo una buena opción para las tardes calurosas.

Cernicalo

▪ The routes here are around 25 to 30 metres in height and are mostly technical stamina routes with some bouldery moves. Due to the orientation of the area you can find sun or shade all year round. The Zona Zero area has around 20 routes and is a good option for warm afternoons.

El Río

Duque escalando Al pil pil 6b, en el sector La presa.

Tenerife
Escalada deportiva

acceso:

Desde el pueblo de El Río tomamos la estrecha carretera que sube junto a la iglesia. En 2 kms encontramos un pequeño apartadero que utilizamos como parking cerca de una gran puerta de hierro (no aparcar en la entrada de las fincas). Caminamos por una pequeña pista de tierra, con una cadena en su entrada, que se convierte en un sendero que seguiremos hasta llegar a la presa. Para llegar a la Zona Zero carretera abajo en dirección a la TF-1 y a la salida del pueblo, justo pasando el último invernadero aparcamos en una pequeña entrada a la derecha antes de llegar a unos silos métalicos.

access:

From the village of El Rio take the rising narrow road by the side of the church. After 2 kms park in a small lay-by close to a large metal gate – don't park by the entrance to the fields. Take the small track marked by a chain at the start.

La presa.

The small track turns into a path which leads to the reservoir.
For Zona Zero take the road which leads downwards towards the TF-1 motorway. On leaving the village and just after passing the last greenhouse, park at a small lay-by on the right just before some metal storage tanks.

EL RÍO

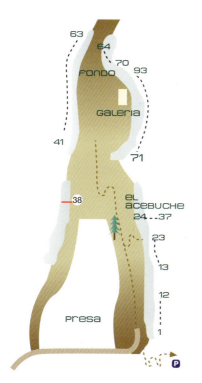

Diego en La Willy 7c+

Tenerife
Escalada deportiva

el río presa

Nº	Nombre	Dif.	Observaciones
1	El canalillo	6c	
2	El subpringado	6b+	
3	El pesadilla	6b	
4	Doble turno	7a+	
5	Fin de año	6c+	
6	Pies negros	7c	
7	Cerys Davies	7a	
8	Casi me mato	7b	
9	El rey judio	?	
10	Jueves kultural	7a+	
11	Excusas en la mente	?	
12	Sansofé	7a+	

Tenerife
Escalada deportiva

4 EL RÍO

el río presa

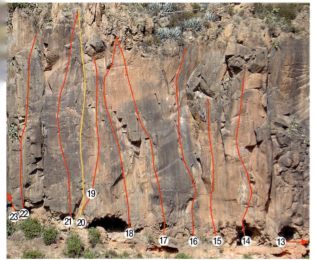

Manolo en Zurrón del gofio 6c. Foto: Samuel García

Nº	Nombre	Dif.	Observaciones
13	Arrímate pa'lla	7a	
14	Follas menos que perro atao	7a+	
15	Dos pardillos y un bordillo	6c+	
16	La disputa	6b+	
17	Zurrón del gofio	6c	
18	Legalidad vigente	6b+	
19	En busca y captura	6a+	
20	Fisura	V+	*Autoprotección*
21	La placa del guanche	6c	
22	Vente pa'ca	6a+	
23	La rumbosa	6a	

el acebuche

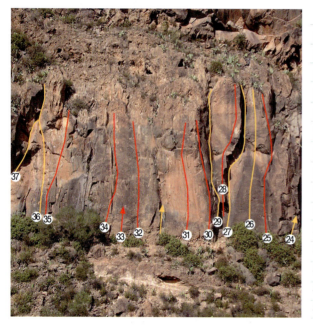

N°	Nombre	Dif.	Observaciones
24	Dias de calor	?	*Autoprotección*
25	Un loco de caza	6b	
26	Como el caballo de Atila	?	*Autoprotección*
27	Vania	6b+	*Autoprotección*
28	Mademoiselle Amsterdam	7b+	
29	La fisura de Bolaños	6a	*Autoprotección*
30	Sativa pura	6b	
31	Al pil pil	6b	
32	Las cazoletas	V	
33		V+	
34	El acebuche	V-	
35	El último tren	6a+	
36	Chicho terremoto	6b+	*Autoprotección*
37	Cosas de quita y pon	6b	*Autoprotección*
38	Tora bora	6b+	*Sin croquis*

Tenerife
Escalada deportiva

4 EL RÍO

el río fondo

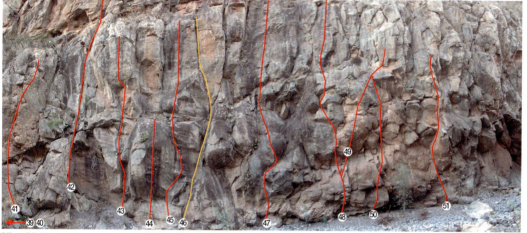

Nº	Nombre	Dif.	Observaciones
39	I'm Amador	6a	
40	Yo la hice y tú no	6a+	
41	Dinamic girl	6c	
42	La clásica	6a	
43	Corazón de piedra	7a	
44	La vía del regleta	?	
45	El pracan	7a	
46	Guataca pico y pala	6a	*Autoprotección*
47	La placa negra	6a+	
48	Estás en la parra	6b+	
49	Mencey de Abona	6c+	
50	No me tortures	6b+	
51	Roca en potencia	7a	

Tenerife
Escalada deportiva

el río FONDO

Nº	Nombre	Dif.	Observaciones
52	Hija de putin	7a+	
53	Acción-reacción	7c+/8a	
54	A tomar por culo	7b+	
55	Erase una vez	6b	
56	El eslabón perdido	7a+	
57	El espolón	6c	
58	Entrada Pelaez	?	
59	La central	6c+	
60	La derecha	6c	
61	El cuarto de las chicas	V	
62	Genitálica	6c	
63	Tekila boom	6b	
64		6c	
65	El señor de la roca	V+	
66	La placa paranoia	6c	

4 EL RÍO

el río fondo

Nº	Nombre	Dif.	Observaciones
64		6c	
65	El señor de la roca	V+	
66	La placa paranoia	6c	
67	La rudolf	6c	
68	Síndrome paraboliano	6c	
69	El enterado	7a	
70	La vía del techo	7b	

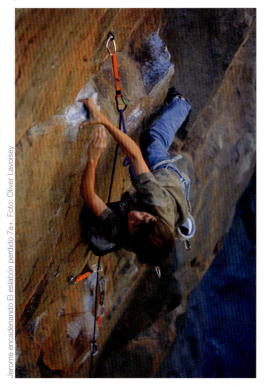

Jerome encadenando El eslabón perdido 7a+. Foto: Oliver Lavoisey

el rio galeria

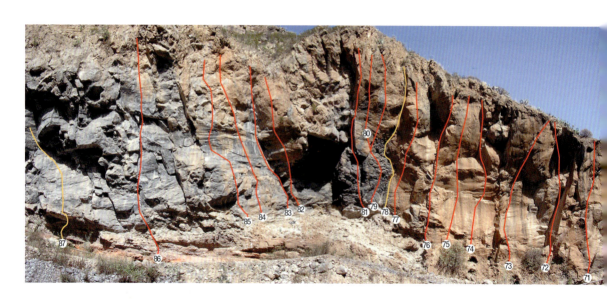

Tenerife
Escalada deportiva

4 EL RÍO

Nº	Nombre	Dif.	Observaciones
71	Pardela free	7a+	
72	Vodka a granel	7b+	
73	La vira	8a	
74	Frepic Awañac	7c	
75	Guarapo	8a+	
76	Fluido rosa	7a	
77	Chinyero	8a+	
78	Roma no paga traidores	?	*Autoprotección*
79	Guayota	8c	
80	Metalmanía	8b+	
81	Los enemigos	7c+	
82	Proyecto Leotrón	8b	
83	El diedro Guanche	7b+	
84	La willy	7c+	
85	El pinche de Tabaiba	7c	
86	Guacamole	8a+	
87	Vía del Carlos	7c	*Autoprotección*

Juan Carlos Zamora "Gitano" en Chinyero 8a+

Tenerife
Escalada deportiva

4 EL RÍO

el río galería

Nº	Nombre	Dif.	Observaciones
88	Anarkía tropical	7c+	
89	Guasacaca	7b+/c	
90	Mala lengua		
91	Mala leche		
92	Katerpiller	8a	
93	Mano negra		

Jorge Parra encadena Doble turno 7a+

4 zona zero

N°	Nombre	Dif.	Observaciones
1	La inescalable	?	
2	La 38	6c	
3	Matacán 1	6c+	
4	Matacán 2	7c	
5	Estela plateada	8a+	
6	Specialiced	6c+	
7		?	
8	Los tortolitos duermen	8?	

Tenerife
Escalada deportiva

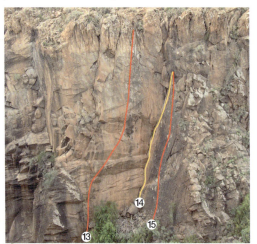

Nº	Nombre	Dif.	Observaciones
9	Matacán 4	6b	
10	Matacán 3	7a	
11	El camino de los ingleses	6b+	
12	Takk	6a	
a	Variante de entrada	7b	
13	El gran matacán	7b+	*32 mts.*
14	La fisura	6b+	*Autoprotección*
15	Placa A5	7a	

Marcos escala la Placa A5 7a. Foto: Omar Caballero

Tenerife
Escalada deportiva

4 zona zero

Nº	Nombre	Dif.	Observaciones
16	Van Helsing	7b	
17	Bring Bryn	7a+	
18	La bañera asesina	6b+	
19	Metasulfitos	7a	
20	Matacojo	7b	*40 mts.*
21	Claro loco	6c	

Las Vegas

Petirrojo

■ A primera vista la pared parece un tanto caótica, pero los escaladores locales han sabido aprovecharla bien. Del casi centenar de rutas que existen, aquí hacemos una selección entre las vías equipadas y las rutas que permiten la autoprotección. Soleada por la mañana y a la sombra por la tarde.

■ At first sight the area seems a bit chaotic but local climbers have made the best use of the rock available. Included is a selection of sport routes and traditional routes out of almost 100 routes that are found in this area. It is sunny in the morning with shade in the afternoon.

Pared de Las Vegas

Tenerife
Escalada deportiva

Pablo Mata en El canto de la peseta 6c

acceso:

Una vez en el caserío de las Vegas tomamos la única carretera asfaltada que sube al monte, en seguida se acaba el asfalto y aparcamos. Desde aquí subimos caminando por una pista de tierra y tomamos la primera desviación a la izquierda. La seguimos, cruzamos un barranquillo y por el sendero en dirección a unos pinos en la base de la pared.

access:

From the hamlet of Las Vegas take the only asphalt road which climbs towards the mountains. Park at the end of the short asphalt section and take the rising dirt track then the first track to the left. Follow this track, cross a small gorge and head for some pine trees which indicate the start of the climbing area.

Tenerife
Escalada deportiva

5 LAS VEGAS

LOS PINOS

Nº	Nombre	Dif.	Observaciones
1	Extasis con mostaza	6b+	
2	Walt Disney	IV	
3	Masoquismo	6b	
4	Equipalaya	6b	
5	Pastel de chapas	6a+	
6	A la sombra de Magec	6c	
7	Kilma K5	7b	
8	Emonóciate todo	6a+	*Autoprotección*
9	Queso duro	7a	

Tenerife
Escalada deportiva

LOS PINOS

Nº	Nombre	Dif.	Observaciones
10	Rumanorum	7b+	
11	Tranki tronko	6b	
12	Calzoncillo sospechoso	6b+	*Autoprotección*
13	Cabecita loca	?	*Autoprotección*
14	Yo pillo bordillo	6b+	
15	Welcome to Las Vegas	6b	
16	Awañac	6c	
17	Living in Las Vegas	6a+	
18	Baile de salón	6c	
19	Julián Jesús Rivero	6c	*Autoprotección*

Tenerife
Escalada deportiva

5 LAS VEGAS

Nº	Nombre	Dif.	Observaciones
20	Esencia de trementina	6a+	Autoprotección
21	Tom Sawyer	6a+	Autoprotección
22	Señorita Rotenmeyer	6a+	Autoprotección
23	Chimiche antivicio	7a+	
24	Que raja tiene mi novia	6c	Autoprotección
25	Adaptarse o morir	6a+	Autoprotección

Nº	Nombre	Dif.	Observaciones
26	Duda razonable	6c	Autoprotección
27	Chochito antipático	6c	Autoprotección
28	Dudoso privilegio	6c+	Autoprotección
29	Sin querer queriendo	6a	Autoprotección
30	Newton	6c	
31			Autoprotección

Tenerife
Escalada deportiva

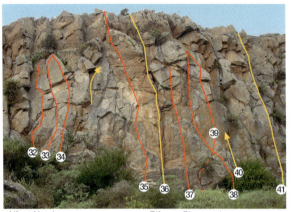

Nº	Nombre	Dif.	Observaciones
32	Tumafanculaba	6a	
33	El Moco	6a+	
34	Hillman	6c+	
35	Ruleta rusa	7b+	
36	Los colgados	6b	*Autoprotección*
37	La primera o Los bomberos	7a	
38	Balcón Canario	V+	*friend 1 1/2*
39	Acoso anal	6b	
40	La traición de Jona	6a	*Autoprotección*
41	Diedro central	6a	*Autoprotección 35 mts.*

José en Tumafanculaba 6a

Tenerife
Escalada deportiva

5 LAS VEGAS

Nº	Nombre	Dif.	Observaciones
42	Sólo térnica	6b	
43	Un esqueleto en el armario	7b	*Autoprotección*
44	Tapita lupita	6c+	
45	El silencio de los corderos	6a	*Autoprotección +30 mts.*
46	Tales y cuales	7b	*Autoprotección +30 mts.*
47	El gallo morón	6c	*Autoprotección +30 mts.*

José Granadilla en la técnica Hillman 6c+

Tenerife
Escalada deportiva

5 LAS VEGAS

N°	Nombre	Dif.	Observaciones
48	Verlo para creerlo	V+	*Autoprotección +30 mts.*
49	El diedro final	6a	*Autoprotección +30 mts.*
50	La hoz	V+	*Autoprotección +30 mts.*
51	Garganta profunda	6b	*35 mts.*
52	Guapísimo superior	V+	*Autoprotección +30 mts.*
53	Los colgados	6a	*Autoprotección +30 mts.*
54		V	
55	Sin ley	6b	
56	Ojitos que todo lo ven	6c	*Autoprotección +30 mts.*
57	El canto de la peseta	6c	
58	Diedro del barro	6a	*Autoprotección*
59	Freddy Krugger	6b	*Autoprotección*
60	El descanso de la retama	6b+	
61	Diedro de los picos	6a	*Autoprotección*
62	El espolón rompido	6b	

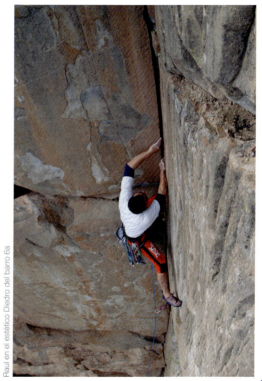

Raul en el estético Diedro del barro 6a

La Galería

▪ Saltadero desplomado acompañado de largas placas anaranjadas. Buenas vías de continuidad y regleteras que en ocasiones superan los 30 mts. Calurosa, sombra por la tarde en el sector refrigerado.

▪ The characteristics of this area is overhanging, orange-coloured rock with good, sustained, fingery routes which in some cases are over 30 metres in height. It is often warm but with shade in the afternoon.

Aguililla

La Galería al amanecer

Tenerife
Escalada deportiva

■ acceso:

En la carretera general del sur, cerca del pequeño caserío de Icor en el km 49, sale una pista de tierra blanca que cojeremos hasta llegar a la pared. La pista se puede encontrar en mal estado. Podemos dejar el coche antes del último tramo malo y caminar menos de 10 minutos.

■ access:

From the main trunk road leading south, close to the hamlet of Icor (km 49), take the white stone track which leads to the climbing area. If the track is in a poor state leave the car before the last section and walk the rest of the way in less than 10 minutes.

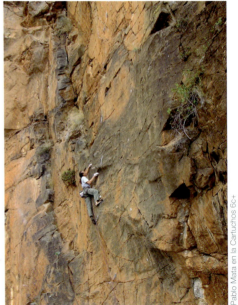

Pablo Mata en la Cartuchos 6c+

Tenerife
Escalada deportiva

6 LA GALERÍA

SECTOR REFRIGERADO

Ricardo en Big dimensions 8b. Foto: Javi Robayna

Nº	Nombre	Dif.	Observaciones
1	Compromiso sin permiso	6c	
2	Independencia	6c+	
3	Cirrosis	7a+	
4	La opción	7b	
5	La niña de porcelana	6b+	
6	La ratona de chaman	7b+	
7	El siroco me vuelve loco	7a+	
8	Nefastus	7b+	
9	Hylunnanub	6c+, 7b	
10	La guerrera	7a+	
11	De relleno	V	

Tenerife
Escalada deportiva

SECTOR HORNEADO

Tenerife
Escalada deportiva

6 La Galería

Nº	Nombre	Dif.	Observaciones
12	Big dimensions	8b	*32 mts.*
13	Multiorgasmo	8c+	*32 mts.*
14	Proyecto		
15	Spectrum	8?,6c	*40 mts.*
16	El señor de las moscas	7c	*32 mts.*
17	Mínimo común múltiplo	8a+	*32 mts.*
18	6a+ o más	6a+	
19	La cartuchos	6c+	
20	Variante de la cartuchos	6c	
21	Dos huesos	7b	

Pedro en El señor de las moscas 7c

Tabares

Luis "El Visca"
siempre escalando en Tabares.

- Zona precursora del libre de dificultad en la isla, buenas escaladas de autoprotección en fisuras y diedros y entre medio de estos, placas equipadas. Sombra por la mañana en la pared de Enfrente y por la tarde en la Macrocalma. Pese a ser un gran barranco, su cercanía al area metropolitana hace que presente un entorno urbano y descuidado.

- The pioneer area for free climbing on the island alternates between good traditional routes in cracks and dihedrals with sport routes on the faces in between. There is shade in the morning on the Enfrente wall and in the afternoon on the Macrocalma wall. Despite being an extensive gorge its location close to an urban area has led to a rather abandoned appearance.

El risco del Tanque.

acceso:

Desde la rotonda de correos de la Cuesta parte una Carretera hacia Valle Tabares y Valle Jimenez (señalizada). Seguimos esta carretera, pasamos Valle Tabares y llegamos a Valle Jiménez, a la altura del km-7 existe una entrada a la derecha que es el Camino del Toscal, por donde entramos y llegamos enseguida a los diferentes sectores.

access:

From the roundabout by the Post Office in La Cuesta a sign-posted road leads to Valle Tabares and Valle Jimenez. Follow this road for 7km passing through Valle Tabares and on arrival in Valle Jimenez an entrance to the right (Camino del Toscal) leads to the different sectors.

Tenerife
Escalada deportiva

7 TABARES

Andoriñas

Rapelando la cascada

La Cuesta · La Galería · Tubería · Macrocalma · EL POZO · La curva · Enfrente · El Toscal · Camino El Toscal · Km 7 · Valle Jiménez

Tenerife
Escalada deportiva

Alberto Peláez escalando La Andoriña 6b+

Nº	Nombre	Dif.	Observaciones
1	Los mamachapas	6a	
2	La Bater II	7a	*Autoprotección*
3	La placa del vagabundo	V+	*Autoprotección*
4	La fisura del invertido	6b+	*Autoprotección*
5	El turbopaso	6c	
6	Dos chapas	6a+	
7	Fisura del perenquén	6a	*Autoprotección*
8	Caballito	IV+	*Autoprotección*
9	Un paso	6a+	
10	Raulito izda.	6a	*Autoprotección*
11	Raulito	V+	*Autoprotección*
12	Raulito dcha.	6a	
13	Papas con carne	6c	
14	Mapa o fisura Yosemite	6a+	*Autoprotección*
15	Potaje de berros	6c	
16	Artificial	A2	
17	Butterfingers	7a	*Autoprotección*

TUBERÍA

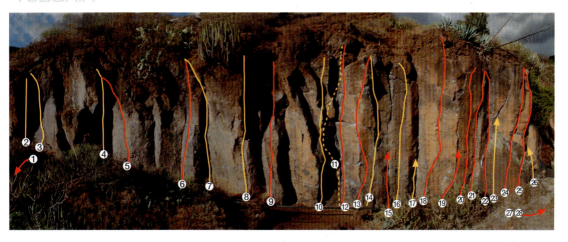

Nº	Nombre	Dif.	Observaciones
18	Martín el laja	8a+	
19	Atómica	7b	*Semiequipada*
20	Alien	8a	
21	Metállica	7b+	*Clavos*
22	Suicidal Tendeces	7a	
23	Andoriña	6b+	*Autoprotección*

Nº	Nombre	Dif.	Observaciones
24	De Nene	6c	*Semiequipada*
25		6c+	*Spits*
26	Fisura gorda	V+	*Autoprotección*
27	Deja vu ?		
28	Artificial		

Tenerife
Escalada deportiva

macrocalma izda.

Tenerife
Escalada deportiva

7 TABARES

Nº	Nombre	Dif.	Observaciones
29	Las Paralelas	7a	*Autoprotección*
30	La vía del nido	V	*Autoprotección*
31	El diedro del desvirgado	V+	*Autoprotección*
32	Espolón de la macrocalma	6a+	
33	Macrocalma	6a	*Autoprotección*
34	Supermacro	6a	*Autoprotección*
35	Sopa de tripis	6b+	*Semiequipada*
36	La murciélago	V+	*Autoprotección*
37	La buzones	6a	*Autoprotección*
38	El desplome	6c	
39	Diedro de Yablonsky	V+	*Autoprotección*
40	Coleguita perenken	6c+	
41	Ruminikub	6b+	
42	El diedro central	V+	*Autoprotección*
43	Cascarillas de mantequilla	6a	
44	El espolón asmático	6b	
45	Fuera de cobertura	7a	
46	Fisura Fleitas	6a+	*Autoprotección*
47	La vía del techo	Ae	
48	Viaje con nosotros	V+	*Autoprotección*
49	Placa Bachar	V+	
50	Fisura Pepe Rigueira	V+	*Autoprotección*

Raul Fleitas en los empotres de manos de la Macrocalma 6a

Tenerife
Escalada deportiva

Vanesa en Cascarillas de mantequilla 6a.

Nº	Nombre	Dif.	Observaciones
50	Fisura Pepe Rigueira	V+	*Autoprotección*
51	La Chimenea	IV,IV+	*Autoprotección*
52	Espolón de la fuga	6a+	
53	Pasta gansa	7a	
54	Ea, ea, ea, la alemana se cabrea	V+	*Autoprotección*
55	La fisura destartalada	6a+	*Autoprotección*
56	Espolón Tadeo	6a	
57	Fisura del acebuche	V+	*Autoprotección*
58	Frikimar-tin	6a+	
59	Los tres mosqueteros	V	*Autoprotección*
60	La S o fisura Lepiney	IV+,IV	*Autoprotección*
61	Fisura Chávez	V+	*Autoprotección*
62	Soler-Lomba	6a	*Autoprotección*
63	Fisura Gabriel	V+	*Autoprotección*
63'	Entrenando el coco	6a	*Autoprotección*
64	La fisura del mecho	6a+	*Autoprotección*
65	El verode	IV+	*Autoprotección*
66	La tabaiba	IV	*Autoprotección*
67	La penúltima	V	

Tenerife
Escalada deportiva

7 TABARES

Tenerife
Escalada deportiva

PARED DE ENFRENTE

68		A2	*Autoprotección*	71	Fisura guapa	6a+	*Autoprotección*
69	Aguas negras	A2	*Autoprotección*	72		6b	*Autoprotección*
70	Millitos	6a	*Equipamiento ?*	73	Falcón-Fleitas	A1	

Tenerife
Escalada deportiva

7 TABARES

Nº	Nombre	Dif.	Observaciones
74	Magnum 44	6a+	*Autoprotección*
75	Aterriza como puedas		*Autoprotección*
76	Delicias turcas	V+	*Autoprotección*
77	Bujeritos	6c	
78	Overkill	6b	
79	Prepárate	7a	*Autoprotección*
80	Fisura transparente	6c	
81	Ataud vacante	6a+	*Autoprotección*
82	Therminator	7a	*Autoprotección*
83	Autopista al infierno	7c	
84	Killer	6c	*Autoprotección*
85	Extasis técnico	6c	*Autoprotección*
86	Genocidio	6b	*Autoprotección*
87	Mad Max	7b	
88	Sirius	7b	
89	Moc moc	7c	
90	Iron Maiden	6c	*Autoprotección*
91	Bip bip	7a	
92	Dosis de heavy metal	6a	*Autoprotección*
93	Metalmorfosis	V+	*Autoprotección*

César Acosta en la atlética bavaresa de la Genocidio, 6b.

Tenerife
Escalada deportiva

La curva

Tadeo escala Menfaloconfalo 6a+

N°	Nombre	Dif.	Observaciones
94	Colocalipto	6c+/7a	
95	Tayamiga express	7a/b	
96	La maldición del gomero	?	
97	Menfaloconfalo	6a+	*Autoprotección*
98	Variante Milady	6a+	*Autoprotección*
99	Échate algo	6b+	

N°	Nombre	Dif.	Observaciones
100	He hecho un techo	6c	
101	Liberar a Willians	6b	
102			*Autoprotección*
103	Antigüa de Cesar		*Autoprotección*

La Galeria

EL POZO

Nº	Nombre	Dif.	Observaciones
104	Your self	6a+	*Clavos*
105		A2	*Autoprotección*
106		A2	*Autoprotección*
107	José Montero	A3	*Autoprotección*
108	Espolón del pozo	IV	*Autoprotección*
109	Yerbamora	6a+	*Autoprotección*
110	Halcón rojo	Ae	

Vistamar
Santa Úrsula

Curruca cabecinegra

■ Pequeña zona del norte de la isla situada en el acantilado de Acentejo con un paisaje espectacular sobre el mar. Presenta más de una treintena de rutas de hasta 20 mts y variedad de grados. Orientada al sol de la tarde.

■ This is a small area in the north of the island, part of the Acentejo cliff, with spectacular scenery overlooking the sea. It has over 30 routes up to 20 metres in height, covering a range of grades. It is sunny in the afternoon

Rocas y cardones en el Acantilado de Acentejo

Tenerife
Escalada deportiva

Jose Luis en Puchéale pa'rriba 6b. Foto: Samuel García.

■ acceso:

Salimos de la autopista del norte por la salida 31 dirección Cuesta de la Villa. Tomamos dirección Santa Úrsula y en la trasera de HiperDino, frente al parking de Mercadona, sale una carrtera que pasa por debajo de la autopista, seguirla y coger la tercera calle a la izquierda, aparcar un poco antes del final sin molestar. Buscamos un pequeño mirador en el paseo Maese Nicolás. Desde aquí sale un caminito que nos deja en las paredes.

■ access:

Take exit 31 of the motorway TF-5 signposted Cuesta de la Villa. Head towards Santa Ursula and behind HiperDino, opposite the Mercadona car park, follow a road which leads under the motorway taking the third road on the left and park carefully just before its end. Head for the viewpoint situated at the end of Paseo Maese Nicolás. From here a small track takes you to the crag.

Tenerife
Escalada deportiva

8 VISTAMAR

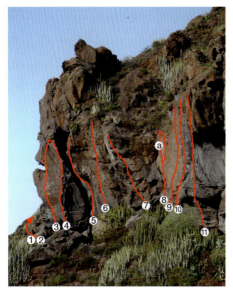

Salvi escalando La mudita 6b. Foto: Samuel García.

Nº	Nombre	Dif.	Observaciones
1	Vistamar	6c+	
2	Días de luto	6c	
3	Cascarilla	7a+	
4	Perenken	6a+/b	
5	Monodedo al natural	7c	
6	Sam Proj.	?	
7	Judith	7c	
8	Flower	7a	a)7b+
9	Rojan	7a	
10	Neón	6c+	
11	Manowar	7b+	

Tenerife
Escalada deportiva

Tania escalando El espolón del murciélago 6b. Foto: Oliver Lovoisey

Nº	Nombre	Dif.	Observaciones
12	Espolón del murciélago	6b	
13	Suficiente	6c	
14	Chikita peda	6a+	
15	Tiki taka	6c	
16	La mudita	6b	

Tenerife
Escalada deportiva

8 VISTAMAR

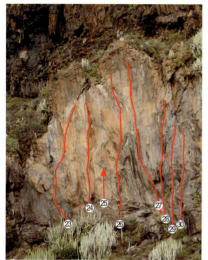

Angelo en la variante de Flower 7a. Foto: Samuel García.

Nº	Nombre	Dif.	Observaciones
17	Cardonal	6b	
18	La negra	6a	
19	El lance	7a	
20	Cicatriz	6b+	
21	Pucheale pa'rriba	6b	
22	Racolí	6b	
23	Michelín	7c+	

Nº	Nombre	Dif.	Observaciones
24	Proj.		
25	Proj.		
26	Fisura Mayi	7b	
27	Fisura el poli	?	
28	Proj.		
29	Abelía	6a+	
30	El divorcio	6a	

Tenerife
Escalada deportiva

David en Michelin 7c+. Foto: Samuel Garcia

N°	Nombre	Dif.	Observaciones
31	Yes	6c	
32	Papitas negras	6c+	
33	Padre e hijo	7a+	
34	Maripooosa	6c	
35	El quinto	V	

ROCODROMO
EL CASTILLO

TENERIFE

C/ Acero, nº 7
SANTA URSULA
rocoelcastillo@hotmail.com

Martiánez

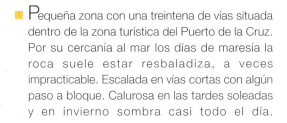
Pardela cenicienta

■ Pequeña zona con una treintena de vías situada dentro de la zona turística del Puerto de la Cruz. Por su cercanía al mar los días de maresía la roca suele estar resbaladiza, a veces impracticable. Escalada en vías cortas con algún paso a bloque. Calurosa en las tardes soleadas y en invierno sombra casi todo el día.

■ A small area with around 30 routes, Martiánez is situated within the tourist resort of Puerto de la Cruz. Due to its location, close to the sea, on humid days the rock is usually damp and at times unsuitable for climbing. Routes are short with bouldery moves. It is warm on sunny afternoons and has shade most of the day in winter.

Sector principal de Martiánez.

Tenerife
Escala deportiva

acceso:

Desde la autopista del Norte TF-5 entramos a la localidad del Puerto de La Cruz por la entrada de Martiánez. Cojemos la desviación del Botánico y seguimos por esta carretera en dirección La Paz. Una vez aquí buscamos la Ermita de San Amaro y enfrente el mirador del mismo nombre donde cojemos la escalera de la izda. inmediatamente saltamos un pequeño tubo también a la izda. y seguimos hasta llegar a las paredes.

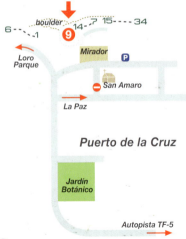

access:

From the northern motorway TF-5 head for Puerto de la Cruz and take the Playa Martiánez exit. Take the Botánico road and head in the direction of La Paz. From the viewpoint opposite the San Amaro chapel take the steps down to the left, climb over a small wall on the left and follow the steps to the foot of the crag.

Alex K. en Severo Ochoa 8a (1995). Foto: David Murillo.

Tenerife
Escalada deportiva

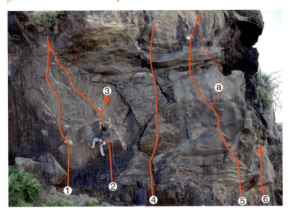

Nº	Nombre	Dif.	Observaciones
1	Tia Melis	6a	
2		6a+	
3			
4	Cityversión	6b	
5	La criatura	8a	
a	Variante	7b	
6		6a+	

Pedro en su Criatura 8a.

Tenerife
Escalada deportiva

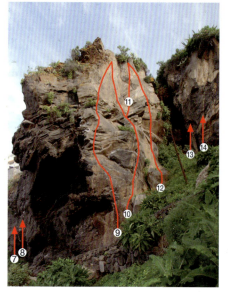

Migue en la Variante de la Takikardia 8a. Foto: Samuel García.

Nº	Nombre	Dif.	Observaciones
7	Minikit obsesion	6c+/7a	
8	Directo al hueco	6c+/7a	
9	Namaste	6a	
10	La vía de Tonucho	V	

Nº	Nombre	Dif.	Observaciones
11	Variante	V+	
12	Tomás el Fota	6a+	
13	Vía de Udo	7b	
14		7a+?	

Tenerife
Escalada deportiva

9 martianez

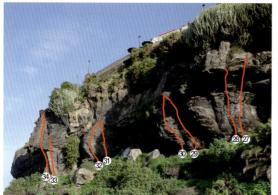

N°	Nombre	Dif.	Observaciones
15	Angel?	?	
16	Humanoide?	?	
17		6c?	
18		6c?	
19	El estanque	6b+	
20	Ayatolah el chikito	6b+	
21	La bella y la bestia	7b+	
22	Euphorbia canariensis	7b	
23	La vía de Migue	7a+	
24	Abdominator	7c+	

N°	Nombre	Dif.	Observaciones
25	Takikardia	8b	a) variante 8a
26	Proj.		
27	Doctora Ochoa	8a	
28	Severo Ochoa	8a	
29	Echale cojones	6c	
30	Giliguanchi	6c+	
31	Con dos cojones hasta la R.	7c+	
32	Postmortem	7c	
33	La más saladita	7a+	
34	Tricoma ambar	7a	

San Marcos

■ Zona situada en el norte de la isla, cercana al mar y en un entorno urbano próximo a la carretera. Escalada sobre regletas en vías de hasta 25 mts. En su parte más alta existe un pequeño sector de escalada en bloque. Calurosa en las tardes soleadas y en invierno sombra casi todo el día. Posible caída de piedras.

■ This area is located in the north of the island, close to the sea, a road and a built-up area. Routes are fingery and up to 25 metres in height. In the upper zone there is a small bouldering area. It is warm on sunny afternoons and in shade most of the day in winter. Be careful as there is a danger of falling rock.

Palmera canaria

Tenerife
Escalada deportiva

Moisés dándole un pegue a La Consuelo, 8?

acceso:

Desde la carretera del Norte y llegando a la localidad de Icod de los Vinos tomamos la salida que indica Playa de San Marcos (TF-414), la seguimos y una vez divisada la pared aparcamos en un parking cercano a su base. Seguimos una pequeña escalera en dirección a una casa abandonada en mitad del sector.

access:

From the northern motorway TF-5, heading towards Icod de los Vinos, take the exit for Playa de San Marcos (TF-414). Follow the road down towards the sea and once the crag is visible park in the large car park close to the foot of the crag. A footpath with steps leads to a derelict house in the centre of the crag.

Tenerife
Escalada deportiva

10 san marcos

Nº	Nombre	Dif.	Observaciones
1	El ataque de la andoriña	7b+	
2	Proj.	8?	
3		7b+	
4	El chupacámara	7a	
5	Tato el máquina	6a, 7c	
6	Proj.	?	
7	Anabela	6b	
8	Lo que no es tener un sacho	6a	
9	Dinámica atmosférica	V+	
10	Trio norte	V+	
11	Anemia	6a+	
12	Decisión	6c	
13	Atalaxia	7a	
14	La vía del flaco	7a	

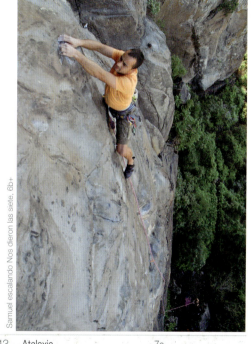

Samuel escalando Nos dieron las siete, 6b+

Tenerife
Escalada deportiva

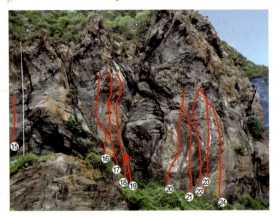

Nº	Nombre	Dif.	Observaciones
15	Agárrate al tubo	7b	
16	Promesas de primavera	6b	
17	Ciudad perenken	6b+,7a+	
18	Más garimbas y menos chapas	7c+	
19	Mucho mecánico	7c	
20	Mierda pa' pedriza	V+	
21		6a+	
22	Oxino	6b+	
23	Nos dieron las siete	6b+	
24	Más vale ser bloquero que bloguero	6b+	

Alejandra en el Espolón de las clekas 6c.

Tenerife
Escalada deportiva

10 san marcos

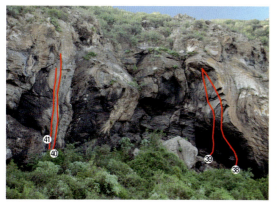
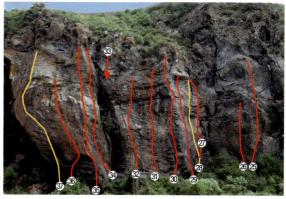

N°	Nombre	Dif.	Observaciones
25	Barbie la bárbara	6b	
26	Makelele	6b+/c	
27	El Ruso tumbó al moro	6c	
28		6b	*Autoprotección*
29	El último Yeray	6b	
30	El espolón de las clekas	6c	
31	Acción policiaca	7b+	
32	Huella conejera	7c	

N°	Nombre	Dif.	Observaciones
33	proj.		
34	Tabaiba	6b	
35	Andoni kriminal	6b+	
36	Cromagnón 08	7b+	
37	Reptiliano	7b	*Autoprotección*
38	proj.		
39	Consuelo	8?	
40	Cerebros destruidos	7c+	
41	Mas allá del romo	8a+	

Tenerife
Escalada deportiva

Nº	Nombre	Dif.	Observaciones
42	Up2u	6a+	
43	Regleta sikada	?	
44	La Checa	7c	
45	Zona de Boulder		

Marcos en Cerebros destruidos 7c+. Foto: Oliver Lavoisey.

Tenerife
Escalada deportiva

notas

Ruymán en la Fisura chasnera 6b (Arico Nuevo). Foto: Oliver Lavoisey

Tenerife
Escalada deportiva

CUIDA TUS ZONAS DE ESCALADA
Por favor

Desde esta publicación sugerimos unas cuantas normas de conducta elementales y respetuosas con el medio.
Por el bien de estas zonas y de nuestro deporte, cúmplelas y hazlas cumplir.

- Es obvio decir que la basura que generamos debemos llevárnosla, incluida la menuda que también se ve: cáscaras de frutos secos, colillas, esparadrapos, restos de botellas de agua, etc.

- Si haces tus necesidades, sal de la zona o entiérralas; pero, por favor, no dejes el papel higiénico, ni compresas, toallitas, klínex y demás... .

- Respeta la flora y la fauna del lugar, tienen más derecho que tú y llegaron primero.

- Utiliza los caminos ya existentes para llegar a las vías, no hagas caminos nuevos ni amplíes los pies de vías.

- Hacer fuego está prohibido.

- Sé discreto en la zona de escalada.

- Si llevas mascotas mantenlas controladas.

- No marques con clecas las vías.

- Si asedias una vía o un bloque, es mejor que acabes cepillándolo.

- Si escalas en yo-yo utiliza tus propios mosquetones, no desgastes los descuelgues innecesariamente.

- No equipes por equipar, asegúrate de que tu línea es buena y no parasites ni le quites identidad a las demás.

- Si reequipas, elimina el material viejo. Utiliza siempre material adecuado y discreto.

- En los aparcamientos, piensa en los demás y no dificultes el paso de los vecinos.

🇬🇧 THE CLIMBING ENVIRONMENT
Please!!

The guidebook's authors would like to suggest a few basic recommendations to encourage respect for the environment of the climbing areas. Please follow them and ensure that others do the same.

- All litter must be removed including small items such as nut shells, cigarette butts, tape, water bottles and tops etc.

- If you need to relieve yourself leave the climbing area or dig a hole. Pack out toilet paper, tissues, sanitary items etc.

- Respect the flora and fauna of the area as they have been around a lot longer than climbers.

- Use the existing paths to reach the start of routes and don't make new paths nor clear wider areas at the base of routes.

- Lighting fires is forbidden.

- Don't make too much noise in the climbing areas.

- Make sure pets are kept under control.

- Don't leave chalk tick marks on routes.

- If you top-rope use your own karabiners to avoid unnecessary use of lower-offs.

- After intense use of a route or a boulder problem, finish off by brushing holds.

- Don't bolt a new line if it interferes with another route. Only bolt new routes if they are good, independent lines.

- If you re-bolt a line use the correct equipment and remove the old bolts.

- Think of others in parking areas and don't block access for residents of the climbing areas.

ESCALADA PSICOBLOC

KAYAK DE MAR SEA KAYAKING

BARRANQUISMO CANYONING

BUCEO SCUBA DIVING

www.tenoactivo.com

TENO activo

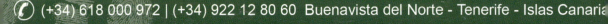

(+34) 618 000 972 | (+34) 922 12 80 60   Buenavista del Norte - Tenerife - Islas Canarias

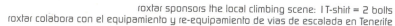

RESTAURANTE
MENCEY DE ABONA

- Vino cosecha propia, blanco y tinto
- Especialidad en comidas caseras

- Home-produced white and red wine
- Home-made food our speciality

Villa de Arico - Tenerife - Tfno.: 922 768 178